MATH TRAILBLAZERS™

Grade 4

Letter Home

Spanish Translation
Units 1–16

SECOND EDITION

A Mathematical Journey Using Science and Language Arts

KENDALL/HUNT PUBLISHING COMPANY
4050 Westmark Drive   Dubuque, Iowa 52002

A TIMS® Curriculum
University of Illinois at Chicago

The blackline masters in this
section are Spanish translations
for the Letters Home found in
each of the
Unit Resource Guides.

 UIC The University of Illinois
at Chicago

The original edition was based on work supported by the National Science Foundation under grant
No. MDR 9050226 and the University of Illinois at Chicago. Any opinions, findings, and conclusions
or recommendations expressed in this publication are those of the author(s) and do not necessarily
reflect the views of the granting agencies.

CARTA AL HOGAR

Datos acerca de nosotros

Fecha: _____

Estimado miembro de familia:

Bienvenidos a *Math Trailblazers™: A Mathematical Journey Using Science and Language Arts* (*Los Exploradores Matemáticos: Un viaje matemático usando la ciencia y las artes del lenguaje*). Durante el año escolar, enviaré cartas al hogar que explican lo que cubre cada unidad.

La primera unidad, *Datos acerca de nosotros,* presenta maneras de recolectar, organizar y estudiar datos. Estudiaremos el concepto de promedio. En la vida cotidiana de su hijo/a, se usa comúnmente la palabra "promedio". Es probable que su hijo/a haya escuchado frases como "promedio de bateo" o "la cantidad promedio de lluvias del mes". Su hijo/a aprenderá a calcular un tipo de promedio llamado mediana y lo usará para representar datos recolectados en clase.

Además, su hijo/a investigará cuál es la relación entre el ancho de los brazos extendidos y la altura de los estudiantes de la clase. ¿Podemos predecir la altura de un estudiante nuevo de cuarto grado si conocemos el ancho de los brazos extendidos? Para investigar esta pregunta, su hijo/a medirá el ancho de los brazos extendidos y la altura de sus compañeros. Su hijo/a organizará estos datos, dibujará e interpretará una gráfica, y hará y verificará predicciones.

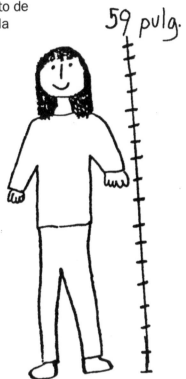

La altura es una de las variables que los estudiantes miden en esta unidad.

Mientras que exploramos los conceptos matemáticos en clase, usted puede ayudar a través de oportunidades adicionales para practicar las matemáticas en casa. Por ejemplo:

- Preste atención a las palabras "promedio" y "mediana". Pueden aparecer en etiquetas de comida, en informes meteorológicos o en diarios y revistas. Hable sobre estos promedios con su hijo/a.

- En esta unidad, su hijo/a está repasando las sumas básicas. Ayúdele a repasarlas en casa. Si su hijo/a necesita más práctica, le daremos tarjetas y juegos para usar en casa.

Gracias por tomarse el tiempo para ayudar a su hijo/a en el aprendizaje de las matemáticas.

Atentamente,

_____

CARTA AL HOGAR

Investigaciones geométricas: Unidad de evaluación de puntos de partida

Fecha: _____

Estimado miembro de familia:

La geometría es una parte importante del programa *Math Trailblazers™* porque el conocimiento de la geometría es útil en muchas situaciones de la vida cotidiana. Muchos oficios, como la carpintería y el diseño de ropa, se basan en la geometría.

En esta unidad, su hijo/a explorará la geometría y la medición, razonará matemáticamente y se comunicará acerca de las matemáticas. Mientras que su hijo/a investiga las relaciones entre la longitud, el área y el perímetro, recolectará y organizará datos, creará e interpretará gráficas, y hará y verificará predicciones. Su hijo/a también buscará ángulos en y en figuras geométricas.

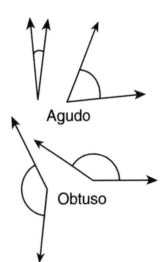

Agudo

Obtuso

Ejemplos de ángulos agudos y obtusos

Además de las investigaciones geométricas, su hijo/a repasará las restas básicas.

Por último, su hijo/a comenzará a armar un portafolio de matemáticas. Allí guardará tareas completadas ahora y durante todo el año. De este modo, podremos ver cómo se desarrollan las habilidades matemáticas de su hijo/a durante cuarto grado.

Mientras que exploramos los conceptos matemáticos en clase, usted puede ayudar a través de oportunidades para practicar las matemáticas en casa.

Por ejemplo:

- Pídale a su hijo que le cuente acerca de Myrna, la hormiga que está diseñando pistas de aterrizaje para la ciudad imaginaria de "Antopolis" ("Hormigópolis"). Pregúntele de qué manera la investigación de la clase ayudará a Myrna a diseñar sus pistas de aterrizaje.

- Pídale a su hijo/a que describa en qué se diferencia un ángulo agudo de un ángulo obtuso. Después, pídale a su hijo/a que identifique ángulos agudos y obtusos en su casa.

- Pregúntele a su hijo/a qué actividades puso en el portafolio de matemáticas.

Gracias por tomarse el tiempo para hablar con su hijo/a acerca de lo que está haciendo en la clase de matemáticas. Por favor, comuníquese conmigo si tiene preguntas, inquietudes o comentarios.

Atentamente,

_____

CARTA AL HOGAR

Números y operaciones con números

Fecha: _____

Estimado miembro de familia:

En esta unidad nos concentraremos en fortalecer la comprensión de nuestro sistema numérico, incluyendo el valor posicional y los números negativos. Para calcular, es necesario comprender el concepto de valor posicional, la idea de que el valor de un dígito de un número depende de dónde esté ubicado. Por ejemplo, el 2 en 426 es 2 decenas pero en 4235 es 2 centenas. En esta unidad repasamos la suma y la resta poniendo énfasis en la comprensión del valor posicional. Los estudiantes también usan la estimación para determinar que tan razonables son sus respuestas.

También comenzamos a repasar las tablas de multiplicación y comenzaremos un estudio sistemático de las tablas de división. Para fines del año escolar, su hijo/a debería saber todos los conceptos matemáticos básicos.

Ayude a su hijo/a a aprender acerca del valor posicional, los números negativos y las tablas de multiplicación.

- **¿Cuánto vale?** Dígale un número a su hijo/a y pídale que lo escriba. Luego, pregúntele cuál es el valor posicional de cada dígito del número. Por ejemplo, pídale a su hijo/a que escriba "trescientos veinticuatro". Luego pregúntele, "¿Cuál es el valor de 3?" Su hijo/a debe decir "trescientos".

Tengo aproximadamente 300 tarjetas de béisbol. Tú tienes aproximadamente 400 tarjetas de béisbol.

Eso significa que tenemos aproximadamente 700 tarjetas de béisbol.

Hacer estimaciones para resolver problemas.

- **El pronóstico del tiempo.** Anime a su hijo/a escuchar el pronóstico del tiempo en las noticias. Quizá observe temperaturas bajo cero en algunos lugares del país. Anime a su hijo/a a buscar en el periódico las temperaturas diarias en distintos lugares del mundo.

- **Conceptos básicos.** Ayude a su hijo/a a estudiar las tablas de multiplicación del cinco y del diez usando las tarjetas triangulares.

Por favor, comuníquese conmigo si tiene preguntas o comentarios.

Atentamente,

_____

INFORMACIÓN PARA LOS PADRES
La filosofía de los conceptos matemáticos básicos en 4to grado

El objetivo de la enseñanza de los conceptos matemáticos básicos en *Math Trailblazers* es que los estudiantes aprendan los conceptos básicos eficazmente, logren el dominio de estos conceptos y mantengan ese dominio con el paso del tiempo. Las extensas investigaciones realizadas respaldan la aplicación de un enfoque que parte de una base de trabajo con estrategias y conceptos. Esto no sólo permite un aprendizaje más eficaz y una mejor retención, sino que también promueve el desarrollo de habilidades matemáticas mentales. Por lo tanto, la enseñanza y la evaluación de los conceptos básicos en *Math Trailblazers* se caracteriza por los siguientes elementos:

El uso de estrategias. Los estudiantes enfocan primero a los conceptos básicos como problemas para resolver no como datos para memorizar. Alentamos el uso de estrategias para hallar soluciones, de modo que los estudiantes tengan la confianza de que pueden hallar soluciones a problemas que no recuerdan inmediatamente. De esta manera, los estudiantes aprenden que las matemáticas son más que tablas y reglas memorizadas que un estudiante "sabe o no sabe".

Práctica gradual de los conceptos básicos. Los estudiantes estudian pequeños grupos de conceptos básicos que pueden hallarse usando estrategias similares. En cuarto grado, las tablas de multiplicación y división se dividen en cinco grupos. Durante el primer semestre, los estudiantes repasarán las tablas de multiplicación y desarrollarán estrategias para las tablas de división, trabajando con un grupo cada vez. Durante el segundo semestre, repasarán y practicarán las tablas de división en cada grupo para poder desarrollar el dominio de todos los conceptos básicos para el final del año. La práctica de los cinco grupos de conceptos básicos se distribuye a lo largo de todo el programa y los estudiantes reciben también tarjetas para practicar los grupos de conceptos básicos en casa.

Práctica en contexto. Los estudiantes aprenden todas los conceptos básicos mientras que los usan para resolver problemas en los experimentos, las actividades y los juegos.

Evaluación apropiada. Se evalúa con frecuencia a los estudiantes para determinar si pueden hallar la respuesta a problemas relacionados con los conceptos básicos en forma rápida y precisa y si pueden retener esta habilidad con el paso del tiempo. Después de estudiar y repasar cada grupo de conceptos básicos habrá un pequeño examen. Cada estudiante registra su avance en las tablas tituladas "Las tablas que conozco" y determina cuales conceptos básicos necesita estudiar.

Un enfoque que abarca varios años. En primer y segundo grado, el programa da énfasis en el uso de estrategias que permiten a los estudiantes adquirir el dominio de las sumas y restas básicas para fines de segundo grado. En tercer grado, comienzan a trabajar con estrategias para las tablas de multiplicación y adquieren el dominio de estas tablas para el final del año. En cuarto grado, se verifica el aprendizaje de las sumas y restas básicas, se repasan las tablas de multiplicación, y se alcanza el dominio de las tablas de división. En quinto grado, se siguen repasando todos los conceptos básicos para mantener el dominio.

El nivel de dominio de los conceptos básicos no impedirá el aprendizaje. El uso de estrategias, calculadoras y tablas de multiplicación impresas permite a los estudiantes continuar trabajando con problemas y experimentos interesantes mientras aprenden los conceptos básicos. Aunque a los estudiantes no les vaya bien en los exámenes para evaluar el aprendizaje de los conceptos básicos, podrán igualmente aprender conceptos matemáticos más complejos.

CARTA AL HOGAR

Productos y factores

Fecha: _____

Estimado miembro de familia:

Estamos comenzando una nueva unidad de matemáticas llamada Productos y factores. Exploraremos la multiplicación y la división a través de diferentes maneras de ordenar objetos en matrices. Una matriz es un conjunto de objetos organizados en filas. Las cosas organizadas en matrices pueden contarse usando la multiplicación. Por ejemplo, un auditorio que tiene 20 filas con 10 asientos cada una tiene 20×10 asientos.

Los estudiantes organizan cuadritos en filas a medida que aprenden acerca de la multiplicación y la división.

Investigaremos los distintos tamaños de matrices que pueden hacerse con un determinado número de objetos. Por ejemplo, podemos colocar 20 objetos en cuatro filas, pero no en tres filas. Esto nos llevará naturalmente a explorar la relación entre la multiplicación y la división, y también a practicar las tablas de multiplicación.

Usted puede ayudar a su hijo/a con la multiplicación usando las siguientes ideas:

- Se enviarán a casa tarjetas con las tablas de multiplicación del 2 y del 3. Ayude a su hijo a estudiar las tablas del 2 y del 3 usando las tarjetas.

- En esta unidad, su hijo/a aprenderá algunas palabras nuevas, como factor y múltiplo. Pregúntele qué significan estas palabras. Su hijo/a también aprenderá acerca de algunos números especiales como los números primos y los números cuadrados. Pregúntele acerca de estos números. También le puede pedir a su hijo/a que le explique por qué los números cuadrados (4, 9, 16, etc.) se llaman "cuadrados".

Atentamente,

_____

CARTA AL HOGAR

Predicciones usando datos

Fecha: _____

Estimado miembro de familia:

En esta unidad, la clase de su hijo/a hará predicciones usando gráficas y patrones observados en los datos.

También realizaremos un experimento llamado Rebote de pelotas. Los patrones en los datos del Rebote de pelotas nos ayudarán a hacer predicciones acerca de hasta qué altura rebotará una pelota cuando se la deja caer desde cierta altura. Mientras hacen estas predicciones, los estudiantes resolverán problemas y usarán las matemáticas en la manera en que se usan en la ciencia, la tecnología y el mundo de los negocios.

Ayude a su hijo/a en casa preguntándole acerca de sus predicciones.

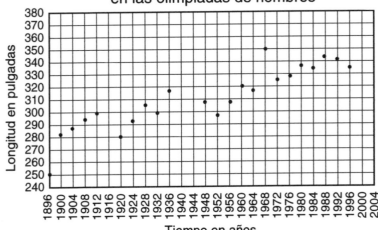

Brincos largos ganadores en las olimpiadas de hombres

- Pídale a su hijo/a que le cuente la historia de la gráfica que aparece en esta página. Prediga la longitud del salto largo ganador en las próximas Olimpiadas de verano.

- Pídale a su hijo/a que le cuente acerca del experimento del Rebote de pelotas. ¿Qué datos recolectó su grupo? ¿Qué predicciones hizo el grupo?

- En esta unidad, seguiremos repasando las tablas de multiplicación, poniendo énfasis en el tercer grupo, los números cuadrados ($3 \times 3 = 9, 4 \times 4 = 16, 5 \times 5 = 25$, etc.). Su hijo/a puede practicar usando las tarjetas triangulares.

Gracias por su interés continuo en el aprendizaje de las matemáticas de su hijo/a.

Atentamente,

_____

CARTA AL HOGAR

Patrones de valores posicionales

Fecha: _____

Estimado miembro de familia:

¿Alguna vez ha dicho: "Tengo un millón de cosas que hacer" o "Te lo he dicho un millón de veces. . ."? Mediante las actividades de esta unidad, los estudiantes aprenderán qué es realmente un millón a medida que exploran patrones en nuestro sistema de valor posicional. Los estudiantes harán actividades prácticas que les ayudarán a "ver" 1,000,000.

Los estudiantes usarán números redondeados para contestar preguntas que no requieren una respuesta exacta. Gran parte de las matemáticas que empleamos en la vida cotidiana requieren hacer buenas estimaciones rápidamente, en lugar de calcular en forma exacta. Como la mayoría de las habilidades, los estudiantes necesitan mucha práctica para hacer mejores estimaciones.

Hablamos de números como 4 millones usando la recta numérica

Usted puede ayudar a su hijo/a en casa de las siguientes maneras:

- Pregúntele a su hijo/a acerca del "Newswire" de la clase. Ayúdele a buscar artículos en el periódico que contengan números grandes. Practique a leer estos números con su hijo/a. Luego, su hijo/a traerá estos números a la escuela para agregarlos al "newswire".

- Después de que su hijo/a haya jugado a los juegos "Extraer, ubicar y leer" y "Guerra 9 contra 5" en la escuela, pídale que traiga los juegos a casa para que jueguen juntos.

- En esta unidad, pondremos énfasis en la tabla de multiplicación del 9. Practique las tablas de multiplicación con su hijo/a usando las tarjetas triangulares. Mientras que trabaja con las tarjetas, pregunte sobre las estrategias para aprender a dividir por nueve.

- Déle a su hijo/a oportunidades de estimar números. Si van de viaje, estimen el número de millas que van a recorrer o el tiempo que durará el viaje.

Atentamente,

CARTA AL HOGAR

Patrones en la multiplicación

Fecha: _____

Estimado miembro de familia:

Los estudiantes desarrollan la comprensión de la multiplicación usando un método de lápiz y papel. En este método, llamado multiplicar con productos parciales, se escriben todos los pasos de un problema de multiplicación. Este método es un poco diferente del método compacto, en el que no se registran algunos pasos. Por ejemplo:

Multiplicar con productos parciales

$$
\begin{array}{r}
39 \\
\times 6 \\
\hline
54 \\
180 \\
\hline
234
\end{array}
$$
(En este método, 6 × 9 se escribe como 54 y 6 × 30 se escribe como 180. Por ultimo, se suma.)

Método compacto

$$
\begin{array}{r}
5 \\
39 \\
\times 6 \\
\hline
234
\end{array}
$$
(En este método, se escriben las 4 unidades de 54, y las 5 decenas se escriben arriba para sumarlas a 180.)

El método de multiplicar con productos parciales hace que los estudiantes lleven un registro preciso de todos los cálculos parciales. Esto ayuda a los estudiantes a visualizar de qué manera funciona el sistema de valor posicional en la multiplicación y es útil para los estudiantes que están empezando a aprender a multiplicar números más grandes. Luego, los estudiantes aprenderán el método compacto tradicional como un método más corto.

La estimación es una parte importante de esta unidad. Los estudiantes usan patrones para calcular con decenas y centenas para hacer cálculos mentales más fácilmente. Redondear los números al lugar de la decena, la centena o la unidad de mil más cercana es una manera de seleccionar un número conveniente para usar en estimaciones. Usted puede ayudar a su hijo/a animándole a hacer estimaciones. Por ejemplo, en la tienda, hágale preguntas como: "¿Aproximadamente cuánto costarán dos panes?" o "¿Alcanzará con $10.00 para comprar tres galones de leche?"

En esta unidad se siguen repasando las tablas de multiplicación. Los estudiantes aprenderán las seis últimas tablas de multiplicación:

8 × 6, 7 × 8, 6 × 4, 4 × 7, 6 × 7 y 8 × 4.

Ayude a su hijo/a con estas multiplicaciones usando las tarjetas triangulares.

Estimar el costo de dos libros es una de las situaciones de la vida real de esta unidad.

Atentamente,

CARTA AL HOGAR

Mediciones: Una unidad de evaluación

Fecha: _____

Estimado miembro de familia:

En esta unidad, su hijo/a participará de actividades para repasar y evaluar habilidades y conceptos aprendidos durante el año. Los estudiantes harán un experimento en el que investigarán el volumen. Trabajarán en grupos para resolver un problema de respuesta libre y escribirán sus soluciones. También resolverán problemas de repaso como tarea, tomarán un examen de mitad de año, y repasarán sus portafolios de matemáticas.

Usted puede ayudar a su hijo/a siguiendo estas sugerencias:

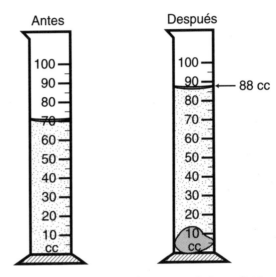

Los estudiantes aprenden acerca de la medición del volumen usando cilindros graduados.

- Pídale que explique el dibujo. El dibujo de la izquierda muestra un cilindro graduado que contiene agua. El dibujo de la derecha muestra el mismo cilindro graduado después de que se agregó un terrón de arcilla. ¿Por qué el nivel de agua es más alto en el dibujo de la derecha? ¿Cuál es el volumen de la arcilla?

- Jueguen a Operación objetivo. En este juego se repasan los conceptos matemáticos básicos y se usa el razonamiento lógico. Su hijo/a llevará a casa las reglas del juego. Como no requiere ni un tablero ni otros materiales, éste es un buen juego para jugar cuando tienen sólo unos minutos libres juntos en cualquier lugar.

- Use las tarjetas triangulares para ayudar a su hijo a estudiar un grupo pequeño de 8–10 multiplicaciones de las tablas cada noche. Al final de esta unidad, su hijo/a tendrá un examen acerca de todas las tablas de multiplicación.

- Pídale a su hijo/a que le cuente acerca de su mejor trabajo en su portafolio.

Gracias por ayudarnos a repasar.

Atentamente,

_____

CARTA AL HOGAR

Formas y sólidos

Fecha: _____

Estimado miembro de familia:

En esta unidad seguimos explorando la geometría. Los niños primero repasarán qué es un ángulo y luego aprenderán a medir ángulos usando un transportador.

Los ángulos desempeñan un papel importante en la simetría. En esta unidad, los niños exploran la simetría de giro y la simetría lineal. La simetría puede observarse en patrones que los niños ven en la vida cotidiana, por ejemplo, diseños arquitectónicos o pétalos de flores.

Su hijo/a necesitará algunas cajas vacías (pueden ser cajas de cereal). Usaremos estas cajas para analizar objetos tridimensionales y aprender acerca del volumen. Cortando las cajas en rectángulos, los niños aprenden de qué manera se pueden armar objetos tridimensionales uniendo figuras bidimensionales. Esto es importante para el desarrollo de la visualización espacial.

En esta unidad continúa el estudio anual de las tablas de división. Su hijo/a hará un repaso y practicará para lograr el dominio de las tablas de división del cinco y del diez. Ayude a su hijo/a a repasar estas divisiones usando las tarjetas triangulares. Su hijo/a traerá estas tarjetas a casa para estudiar.

Gracias por su interés continuo en el aprendizaje de las matemáticas de su hijo/a.

Atentamente,

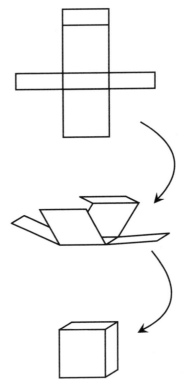

Los estudiantes aprenden de qué manera las figuras bidimensionales pueden convertirse en objetos tridimensionales.

CARTA AL HOGAR

Usando decimales

Fecha: _____

Estimado miembro de familia:

En esta unidad, la clase trabajará con decimales para que su hijo/a tenga una mejor comprensión del significado de los decimales. Usaremos decimales al hacer mediciones en metros, decímetros, centímetros y milímetros. Estas unidades de medición se ilustran en el siguiente dibujo. La conexión del estudio de los decimales con las mediciones ayudará a su hijo/a a visualizar el tamaño relativo de los números decimales. Haremos un experimento llamado *Carrera cuesta abajo* en el que los estudiantes hacen rodar carritos o patines por rampas y miden hasta dónde ruedan los carritos a medida que levantamos la rampa a distintas alturas. Para este experimento, su hijo/a debe traer a la escuela un carrito de juguete, un patín u otro "juguete que ruede". Los mejores juguetes para este experimento son los que ruedan en línea recta y lejos. Por favor, coloque el nombre de su hijo/a en el juguete para que no haya confusiones cuando devolvamos los juguetes.

1 metro es 10 decímetros
1 decímetro equivale a 10 centímetros

Metros, decímetros, centímetros y milímetros

Usted puede ayudar a su hijo/a dándole oportunidades matemáticas adicionales en casa. Por ejemplo:

- Ayude a su hijo/a a medir objetos de la casa en metros, decímetros y centímetros.

- Hablen acerca de los decimales en la vida cotidiana. Los cuentakilómetros/cuentamillas de los automóviles, las etiquetas de los paquetes y las estadísticas de los periódicos son buenas oportunidades para hablar sobre el significado de los decimales.

- Practique las tablas de división del dos y del tres con su hijo/a. Su hijo/a traerá estas tarjetas a casa para estudiar estas divisiones.

Gracias por tomarse el tiempo para hablar con su hijo/a acerca de lo que está haciendo en la clase de matemáticas. Por favor, comuníquese conmigo si tiene preguntas, inquietudes o comentarios sobre esta unidad.

Atentamente,

_____

CARTA AL HOGAR

La multiplicación

Fecha: _____

Estimado miembro de familia:

Uno de nuestros objetivos principales es que su hijo/a aprenda a calcular en forma precisa y flexible. Su hijo/a no debe aprender simplemente a calcular, sino que debe saber qué calculos tienen sentido y cuándo usarlos. Animamos a los niños a usar procedimientos aritméticos que tengan sentido para ellos. Los niños deben darse cuenta de que hay muchas maneras diferentes de contestar un problema de matemáticas. En esta unidad, nos concentraremos en seguir desarrollando los métodos de papel y lápiz para multiplicar.

En la unidad 7, repasamos un procedimiento llamado "multiplicar con productos parciales": En este método, se escriben todos los pasos de un problema de multiplicación. Por eso, el método de multiplicar con productos parciales es particularmente útil para los estudiantes que están empezando a aprender a multiplicar números más grandes. En esta unidad, presentamos el método más tradicional que la mayoría de los adultos aprendieron en la escuela. Nuestro objetivo no es que su hijo/a use un método en lugar de otro. Presentamos ambos métodos para darle a su hijo/a más de una herramienta para resolver problemas. También es posible que su hijo/a haya inventado otro procedimiento correcto. Anime a su hijo/a a usar el método que tenga sentido para él o ella.

Los estudiantes aprenden un método de multiplicación que usaban los ejiptos en tiempos antiguos.

Continúe repasando las tablas de división con su hijo/a usando las tarjetas triangulares. En esta unidad, nos concentramos en las divisiones de números cuadrados ($4 \div 2 = 2$, $9 \div 3 = 3$, $16 \div 4 = 4$, etc.).

Comuniquese conmigo si tiene algún comentario o inquietud.

Atentamente,

_____

CARTA AL HOGAR

Explorando fracciones

Fecha: _____

Estimado miembro de familia:

Las actividades de esta unidad ayudarán a su hijo/a a entender mejor las fracciones. En esta unidad, su hijo/a explorará el concepto de entero. Comprender el tamaño de un entero es importante para comprender las partes fraccionales de un entero. Por ejemplo, medio galón de leche es más que media taza de leche porque el entero es más grande.

En el dibujo se muestra otra idea importante. En cuantas menos porciones se divide el pastel, más grande será cada porción. Grace comió más pastel que Shannon: $\frac{2}{4}$ es más grande que $\frac{2}{12}$. Su hijo/a usará modelos concretos para nombrar fracciones, comparar el tamaño de fracciones, y sumar y restar fracciones.

Shannon comió $\frac{2}{12}$ de un pastel de manzana, Jessie comió $\frac{2}{6}$ de un pastel de durazno, y Grace comió $\frac{2}{4}$ de un pastel de cereza. ¿Quién comió más pastel?

Usted puede ayudar a su hijo/a a entender el concepto de fracciones señalando lugares donde se usan fracciones fuera de la escuela. Los ejemplos incluyen preparar una receta, medir madera para un proyecto, comprar tela o publicidad de ofertas.

Continúe practicando las tablas de división. En esta unidad, los estudiantes practicarán y luego tomarán un examen sobre las tablas de división del nueve. Use las tarjetas triangulares para ayudar a su hijo/a a practicar estas divisiones.

Gracias por su tiempo y su cooperación.

Atentamente,

_____

CARTA AL HOGAR

La división

Fecha: _____

Estimado miembro de familia:

Para comenzar esta unidad, la clase hará una encuesta sobre la cantidad de televisión que miran los estudiantes de cuarto grado. Al analizar los datos de la encuesta, su hijo/a tendrá que resolver una variedad de problemas de división. *Math Trailblazers™* pone énfasis en el hecho de que existen muchos métodos correctos para dividir.

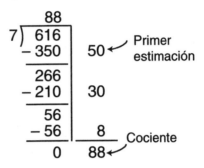

Un método de papel y lápiz

Su hijo/a comenzará a trabajar con la división en esta unidad interpretando y escribiendo historias de división. Usará piezas de base diez para representar problemas de división y luego aprenderá un método de papel y lápiz. Este método es similar al método tradicional. Si bien animamos a los niños a hacer buenas estimaciones de "¿cuántas veces cabe este número en ese número?", el método también funcionará con estimaciones que sean demasiado bajas. Las investigaciones han demostrado que los estudiantes que aprendieron con este método pueden explicar mejor el significado de los pasos que los estudiantes que aprendieron con el método tradicional. En la vida y en el trabajo cotidianos, a menudo tenemos que hacer estimaciones mentales rápidas para resolver problemas de división. Los estudiantes que usan este método pueden estimar mejor los cocientes. Cuando ayudamos a los estudiantes a comprender las matemáticas que usan, les comunicamos la idea de que las matemáticas tienen sentido.

Usted puede ayudar a su hijo/a en casa de las siguientes maneras:

- Pídale a su hijo/a que le muestre cómo está aprendiendo a dividir.

- Se mandará a casa más información sobre la encuesta sobre la televisión. Ayude a su hijo a llevar un registro de la cantidad de televisión que mira.

- Su hijo/a continuará practicando las tablas de división. Se trata de las divisiones relacionadas con las siguientes seis multiplicaciones: 4×6, 4×7, 4×8, 6×7, 6×8, y 7×8. Los estudiantes practicarán $24 \div 4$, $24 \div 6$, $28 \div 7$, etc. Ayude a su hijo/a a lograr el dominio de estas divisiones usando las tarjetas triangulares.

Por favor, comuníquese conmigo si tiene preguntas o inquietudes.

Atentamente,

_____

CARTA AL HOGAR

Predicciones arriesgadas:
Una introducción a la probabilidad

Fecha: _____

Estimado miembro de familia:

Nuestra próxima unidad se llama *Predicciones arriesgadas: Una introducción a la probabilidad*. Su hijo/a comenzará a estudiar la probabilidad decidiendo si algunos eventos son imposibles, improbables, probables o seguros. Por ejemplo, es seguro que el sol saldrá mañana; es probable que la próxima película de dibujos animados sea un éxito; y, lamentablemente, es entre improbable e imposible que los Chicago Cubs ganen la próxima Serie Mundial.

¿Cuál es la probabilidad de que Elvis Presley sea elegido presidente?

Los estudiantes harán investigaciones que les ayudarán a desarrollar una comprensión cuantitativa de la probabilidad simple. En la mayoría de estas investigaciones hay que hacer rodar un cubo numérico equitativo o usar un girador. Los estudiantes recolectarán, graficarán y analizarán los datos generados en estas actividades y luego harán predicciones acerca de los resultados de procesos al azar. Verán que aunque los resultados de eventos individuales sean imposibles de predecir con exactitud, las predicciones son más confiables cuando se consideran grandes números de eventos. Por ejemplo, no podemos predecir con exactitud de qué manera caerá una moneda, pero podemos predecir en forma segura que si lanzamos una moneda al aire 1000 veces, aproximadamente la mitad de las veces caerá en cara y la otra mitad en cruz.

La probabilidad es común en la vida cotidiana. Muchos juegos usan probabilidades; los pronósticos del tiempo usan la probabilidad; muchas decisiones que tomamos se basan en probabilidades estimadas. Los próximos días son un buen momento para que hable con su hijo/a acerca de las probabilidades que encuentran en la vida cotidiana.

Use las tarjetas triangulares para seguir repasando las tablas de división del cinco, del diez, del dos y las divisiones de números cuadrados.

Gracias por ayudar a su hijo/a con las matemáticas.

Atentamente,

_____

CARTA AL HOGAR

Usando patrones

Fecha: _____

Estimado miembro de familia:

Su hijo/a buscará patrones en datos y usará esos patrones para hacer predicciones. Por ejemplo, la clase ha estado registrando el crecimiento de algunas plantas durante varias semanas. En esta unidad, mostraremos los datos sobre las plantas en una gráfica y usaremos la forma de la gráfica para predecir cuál es el patrón de crecimiento general de las plantas.

Su hijo/a también identificará, describirá y usará patrones numéricos. Usaremos un planeta imaginario llamado Gzorp, en el que todas las criaturas están hechas de "células" cuadradas. Los niños imaginan que cada año se pueden agregar nuevos cuadrados a las criaturas de Gzorp, de acuerdo con algún patrón. Su hijo/a hallará el patrón para diferentes criaturas de Gzorp, y luego predecirá qué aspecto tendrá esa criatura a determinadas edades.

También se estudiarán patrones numéricos creados por "máquinas de funciones" especiales. Su hijo/a usará máquinas como la "duplicadora" para predecir qué sucede cuando un número ingresa en la máquina. La clase también estudiará patrones en los datos haciendo una investigación de laboratorio acerca de la masa. Su hijo/a hallará la masa de un sándwich en la investigación "Sabor de TIMS". Déle a su hijo/a un sándwich para traer a la escuela cuando comencemos esta investigación.

Un pez triángulo de tres años y un pez triángulo de cuatro años del planeta Gzorp

Nuestro trabajo con patrones desarrollará el razonamiento matemático de los estudiantes y los preparará para el estudio formal del álgebra. Usted puede ayudar a su hijo/a en casa de las siguientes maneras:

- **Observe gráficas.** Anime a su hijo/a a buscar gráficas en periódicos y revistas. Luego, pídale que describa la gráfica y que explique qué dice la gráfica.

- **Juegue a Adivina mi regla.** Su hijo/a aprenderá a jugar a este juego en la escuela. Pídale a su hijo/a que le enseñe este juego en casa. Consulte las reglas en la guía del estudiante.

- **Conceptos básicos.** Además, ayude a su hijo/a a usar las tarjetas triangulares para repasar las tablas de división del tres y del nueve. Los estudiantes también repasarán las doce divisiones relacionadas con las últimas seis tablas de multiplicación (24 ÷ 4, 24 ÷ 6, 28 ÷ 4, 28 ÷ 7, 32 ÷ 4, 32 ÷ 8, 42 ÷ 6, 42 ÷ 7, 48 ÷ 6, 48 ÷ 8, 56 ÷ 7, 56 ÷ 8).

Atentamente,

_____